¡CAPTURAS PELIGROSAS!

PESCADORES DE ALTA MAR

T0136519

TIME FOR KIDS

Katelyn Rice

Consultores

Dr. Timothy Rasinski
Kent State University

Lori Oczkus
Consultora de alfabetización

John Lee Levins Jr.
Pescador

Basado en textos extraídos de
TIME For Kids. *TIME For Kids* y el logo de
TIME For Kids son marcas registradas de
TIME Inc. Utilizados bajo licencia.

Créditos de publicación

Dona Herweck Rice, *Jefa de redacción*
Conni Medina, *Directora editorial*
Lee Aucoin, *Directora creativa*
Jamey Acosta, *Editora principal*
Heidi Fiedler, *Editora*
Lexa Hoang, *Diseñadora*
Stephanie Reid, *Editora de fotografía*
Sandy Phan, *Autora colaboradora*
Rachelle Cracchiolo, *M.S.Ed.*,
    Editora comercial

Créditos de imágenes: Tapa, págs. 1,
28–29, 37 (abajo derecha), 45 Getty Images;
pág. 47 (abajo) Klas Stolpe/Associated Press;
pág. 36 The Marine Stewardship Council;
pág. 41 William B. Folsom, NMFS/NOAA;
págs. 22, 23 Lee Aucoin; pág. 47 (arriba)
U.S. Navy; págs. 42–43, 48–49, 49 U.S. Coast
Guard; págs. 8–9, 12–13, 18, 20–21, 30–31,
52–53 (ilustraciones) J.J. Rudisill; todas las
demás imágenes de Shutterstock.

Teacher Created Materials
5301 Oceanus Drive
Huntington Beach, CA 92649-1030
http://www.tcmpub.com
ISBN 978-1-4333-7176-9
© 2013 Teacher Created Materials, Inc.
Printed in China
YiCai.032019.CA201901471

TABLA DE CONTENIDO

MARES HOSTILES

*Olas de treinta pies y vientos de 60 **nudos** dan vuelta al barco en el aire. La tripulación rompe el hielo a los costados del barco y tira el equipo de pesca por la borda. Deben reducir su peso o ¡arriesgarse a darse vuelta y hundirse!*

Los pescadores de alta mar pasan semanas y, a veces, meses en el mar. Pueden tener que enfrentar el clima severo y otros peligros y, para esto, solo pueden confiar en otros miembros de la tripulación. El equipo dañado, las heridas y la muerte son riesgos muy reales en esta **profesión**. Pero los pescadores de alta mar siempre preferirían un mar turbulento a un trabajo de oficina. Ellos buscan la aventura y el desafío. Trabajan como un equipo, dejan sus vidas en el sedal y siempre están a la espera de la próxima gran pesca.

→ ¿Qué técnicas utilizan los pescadores de alta mar para capturar peces?

→ ¿Qué tipos de barcos y equipo utilizan los pescadores?

→ ¿Cómo sortean los pescadores los peligros en su trabajo?

Antepasados pescadores

La pesca es una de las profesiones más antiguas del mundo. Durante miles de años, el hombre ha acudido al mar en busca de alimento. Culturas antiguas dejaron atrás caparazones desechados, huesos y anzuelos de pesca. Las pinturas de las cuevas muestran que la pesca ha sido importante para el hombre durante miles de años.

La mayor parte de la pesca primitiva se realizaba con trampas y redes en aguas poco profundas. Algunos pescadores antiguos capturaban peces con palos y arpones. Los indígenas americanos también capturaban a los peces con sedales y anzuelos de hueso. A medida que los barcos y el equipo fueron mejorando, los hombres se aventuraron en áreas del océano más profundas.

Olas de pesca

La pesca primitiva se realizaba en lagos. Con el desarrollo de nuevas técnicas los pescadores pudieron trasladarse a masas de agua más grandes y peligrosas. Los pescadores más valientes primero probaban las aguas. Cuando regresaban a sus hogares con vida, otros deseaban seguirlos en su próximo viaje por las aguas del océano.

Pesca moderna

Pesca antigua

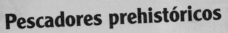

Pescadores prehistóricos

En 2011 miles de huesos de peces fueron encontrados en una cueva en la isla de Timor Oriental. Los científicos dicen que los peces fueron pescados hace 42,000 años. Creen que los antiguos isleños del sudoeste asiático podrían haber utilizado redes y anzuelos en largos sedales arrojados a las profundas aguas.

Trucos del negocio

La pesca en aguas bravas requiere destreza y preparación. Los pescadores de alta mar son los cazadores del mar. Utilizan una variedad de técnicas para pescar. Algunos utilizan barcos especiales o intentan atraer a los peces con **cebo**. Otros pescan en áreas remotas. Algunos barcos están diseñados para encontrar peces y recogerlos cuando pasan nadando cerca. A menudo los peces son **atraídos** hasta el lugar deseado con pequeños trozos de comida. Es una vida difícil y los pescadores necesitan sacar toda la ventaja posible.

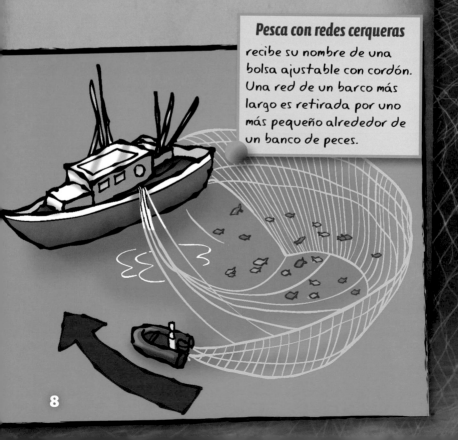

Pesca con redes cerqueras recibe su nombre de una bolsa ajustable con cordón. Una red de un barco más largo es retirada por uno más pequeño alrededor de un banco de peces.

Pesca de arrastre

utiliza múltiples sedales con anzuelos cebados que son arrastrados atrás del barco.

Pesca con palangre

incluye sedal de 50 millas de largo, cebado con múltiples anzuelos.

Pesca con red de enmalle

utiliza redes grandes, invisible para los peces, ancladas al fondo del océano o que flotan en el agua.

9

Trabajando en el agua

No hay tiempo para descansar en una **embarcación comercial** de alta mar. Los pescadores emprenden el viaje y arrastran redes y trampas. Seleccionan las piezas y tiran los peces y animales marinos que no desean. También limpian el barco y se turnan para cocinar. Ya sea afilar los anzuelos o preparar el cebo, siempre hay algo para hacer. Lo más importante, todo debe hacerse rápida y cuidadosamente. Un miembro de la tripulación que se enreda con las sogas en cubierta y cae por la borda podría perderse para siempre.

"Todo, desde el detalle más grande hasta el detalle más pequeño puede matarte y lo hará".

—Steven Snider, pescador comercial

La ley del mar

Las leyes internacionales están diseñadas para cubrir los océanos del mundo. La ley del mar establece qué país controla cada masa de agua. A los barcos pesqueros no se les permite operar dentro de las 200 **millas náuticas** de un país extranjero.
(Una milla náutica equivale a 1,15 millas terrestres).

¡MÁS EN PROFUNDIDAD!

Aprendiendo la jerga

Para convertirte en un pescador de alta mar, necesitas aprender sobre sogas, y también la jerga. Ser capaz de diferenciar entre la proa y la popa ¡podría salvarte la vida!

proa—parte delantera del barco

babor— el lado izquierdo del barco

estribor— el lado derecho del barco

popa—parte trasera del barco

amarrar—atar o asegurar todos los objetos sueltos que hay en el barco

lastre—peso colocado en el fondo del barco para mantenerlo estable

endeblucho—alguien que está mareado

radiobaliza indicadora de posición de emergencia (*EPIRB*)—un dispositivo que transmite una señal y que los rescatistas utilizan para encontrar tu ubicación

sistema de posicionamiento global (*GPS*)—un receptor de radio que utiliza señales satelitales para encontrar una ubicación

en la pila de carne—en un área con una gran cantidad de peces o cangrejos

sónar—una manera de detectar objetos abajo del agua, utilizando ondas sonoras

Principios básicos sobre el barco

En el agua un barco es una fábrica, un hogar y una oficina al mismo tiempo. Los mejores barcos hacen que la pesca sea lo más **eficiente** posible. Los barcos necesitan ser capaces de capturar grandes cantidades de peces para hacer que el trabajo valga la pena. Los mejores barcos pueden ser operados con una pequeña tripulación. El peso y tamaño del motor deben ser tenidos en cuenta. Los gastos de combustible deberían ser bajos, y un buen barco debería poder ir rápido cuando fuera necesario. El capitán debe tener en cuenta dónde se utilizará el barco. Los **estrechos** angostos y las aguas congeladas podrán requerir barcos que posean características especiales. El capitán también debe controlar que una embarcación pueda sortear un clima difícil. Ante todo, la seguridad es la prioridad.

Autoestopistas

Como la goma de mascar en la suela de un zapato, ¡el crecimiento marino en el fondo de un barco puede disminuir su velocidad! Para una mejor eficiencia del combustible los barcos necesitan librarse de los balanos y las algas.

Materiales con forma de barco

Los barcos se pueden construir con una variedad de materiales.

El **acero** es el material más común. Generalmente es utilizado en embarcaciones grandes.

La **madera** es más costosa y menos utilizada que en el pasado.

La **fibra de vidrio** está siendo utilizada en barcos pequeños.

El **aluminio** es liviano y duradero.

Barcos especializados

En la vida sobre el agua, lo único importante en la vida es pescar. Es por esto que se construyen barcos especiales para pescar diferentes tipos de peces. Los barcos arrastreros poseen motores potentes. Grandes redes cuelgan de las cubiertas y son arrastradas por el agua. Los barcos cerqueros poseen enormes grúas para levantar redes llenas de peces Los barcos tangoneros capturan peces bajando las redes sobre un lado y atrayendo a los peces hacia estas con luces brillantes. Estos botes son mejores para viajes cortos porque son menos potentes. Los barcos palangreros son grandes con anzuelos y sedales que son arrastrados atrás del barco. Los pescadores ceban los anzuelos y de un tirón hacen que los peces caigan en el barco. Muchos botes son diseñados para manejar múltiples clases de equipo. De esta manera, pueden ser utilizados para capturar una variedad de peces.

Los arrastreros industriales son las embarcaciones de pesca más grandes. ¡Pueden tener una longitud de 300 pies y capacidad para más de 50 tripulantes!

¿Cuán importante es un nombre?

Algunos creen que los antiguos egipcios comenzaron con la tradición de darle un nombre a los barcos. Es una tradición que aún hoy está vigente alrededor del mundo. A muchos dueños de barcos les lleva años elegir el nombre correcto. Dioses y diosas, planetas, celebridades y muchas otras cosas sirven de inspiración para los nombres de barcos. La gente también elige nombres tontos para sus botes. ¡*Nudo Perdido*, *Marlin Monroe*, *Mar Vitamina*, y *Langostino* son solo algunos!

Los barcos egipcios datan de 5,000 a 3,000 años a. C.

En cubierta

Los barcos comerciales son construidos para manejar grandes cantidades de peces. Estos son barcos resistentes que pueden tolerar aguas turbulentas durante semanas sin respiro. Cada área del barco ayuda a los pescadores a realizar su trabajo o los mantiene seguros.

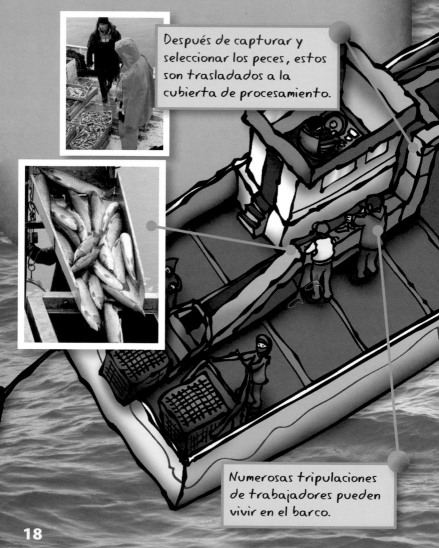

Después de capturar y seleccionar los peces, estos son trasladados a la cubierta de procesamiento.

Numerosas tripulaciones de trabajadores pueden vivir en el barco.

Grandes redes se almacenan en carretes.

Los peces congelados se almacenan en la bodega.

Buques madre

Algunos arrastreros industriales actúan como el buque líder en un grupo de barcos más pequeños. Estos almacenan y procesan los peces que pescan otros barcos. Esto permite que las pequeñas embarcaciones se focalicen en recoger los peces capturados sin tener que regresar al puerto.

19

Pesca de alta tecnologia

La pesca ha evolucionado mucho desde los arpones de madera y las pequeñas trampas en un lago. El equipo moderno ayuda a las tripulaciones a aprovechar al máximo el tiempo que pasan en el agua. Y un simple mensaje de error en la pantalla de una computadora puede significar la diferencia entre el éxito y el fracaso.

La mayor parte de la acción puede tener lugar en la cubierta de un barco, pero la **timonera** es donde trabaja el capitán del barco. La timonera incluye herramientas de **navegación** y de **comunicación**. El **piloto automático** controla la dirección. El *GPS* le brinda información al piloto automático. Mantiene al barco en curso. Las computadoras ayudan a la tripulación a detectar cualquier problema con el equipo de pesca. Los sensores registran la posición de las redes y los sedales. El sónar es utilizado para detectar peces. El equipo de radio y satelital también ayuda a localizar peces.

Los pulsos sonoros, u ondas sonoras, son transmitidas desde un barco.

Las ondas de radio reflejan, o resuenan, en un barco desde un banco de peces.

Los resultados del sónar muestran el tamaño, cantidad y movimiento de los peces.

interior de la timonera

Equipándose

En una tormenta de invierno el equipo adecuado puede significar la diferencia entre una pesca exitosa y un día lamentable en el agua. Lo fundamental es mantenerse seco. Los profesionales cubren sus cuerpos desde la cabeza hasta los dedos de los pies pero, aún así, nunca parecen estar completamente secos. Algunos tripulantes almacenan equipo en cada puerto. De esa manera, sin importar dónde se encuentren, estarán listos para ponerse el traje y ¡enfrentar el agua!

Una parka pesada protege el cuerpo. Una capucha es útil en condiciones ventosas o lluviosas.

La cinta reflectante hace más fácil identificar a un pescador que ha caído por la borda.

Los guantes protegen las manos del frío y las cargas pesadas. Adentro, los forros de algodón proporcionan otra capa de calor.

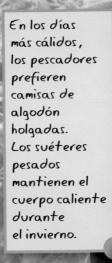

En los días más cálidos, los pescadores prefieren camisas de algodón holgadas. Los suéteres pesados mantienen el cuerpo caliente durante el invierno.

Los impermeables son usados durante el procesamiento del alimento.

Los pantalones anchos son más fáciles de poner o quitar por encima de las botas.

La tela está revestida para resistir al agua y al petróleo. Se mantiene flexible, incluso en temperaturas extremadamente frías.

La mayoría de los pescadores tienen a mano un par de botas extra. Si un par se humedece, hay un par seco listo para el próximo día.

En la zona de peligro

Mientras los barcos están buscando peces, algunas criaturas están buscando barcos. Los delfines y las ballenas a menudo son atraídos por el sonido de los barcos. Estos nadan al costado de los barcos. Este comportamiento amigable puede tornarse peligroso para ellos si quedan atrapados en las redes.

RECOGE LA LÍNEA

El océano es **vasto**. Existen cientos, si no miles, de buenos sitios de pesca alrededor del mundo. ¿Pero cuáles son verdaderamente los mejores lugares? ¿Dónde están los peces más grandes y sabrosos? Preguntarle a la tripulación puede no ser de gran ayuda. Así como los magos nunca revelan sus secretos, los mejores pescadores nunca revelan los mejores lugares de pesca.

La ubicación, el tiempo, el cebo y la profundidad del agua son examinados al planear un viaje de pesca. Helicópteros y aviones pueden ser utilizados para localizar grandes bancos de peces. Las marsopas a menudo guían a los barcos de pesca hacia el atún. Las aves que se sumergen en el agua también pueden servir como señal de que hay peces cerca. Los expertos saben que los cambios en la temperatura, el color y la corriente del agua pueden indicar que hay peces en el agua. Un viaje de pesca **producirá** una captura satisfactoria solo cuando las condiciones sean adecuadas.

Todo agotado

Incluso los lugares de pesca confiables pueden quedarse sin peces rápidamente. A veces esto sucede porque se han capturado demasiados peces. Otras veces, los cambios naturales en las corrientes del océano o el clima provocan esta situación.

¡MÁS EN PROFUNDIDAD!

Ubicación, ubicación, ubicación

El equipo más costoso del mundo no será de ayuda alguna si los pescadores no saben dónde usarlo. Aquí incluimos algunos lugares populares y concurridos donde van los pescadores cuando necesitan pescar una gran cantidad de peces.

NORTEAMÉRICA

OCÉANO ATLÁNTICO

OCÉANO PACÍFICO

SUDAMÉRICA

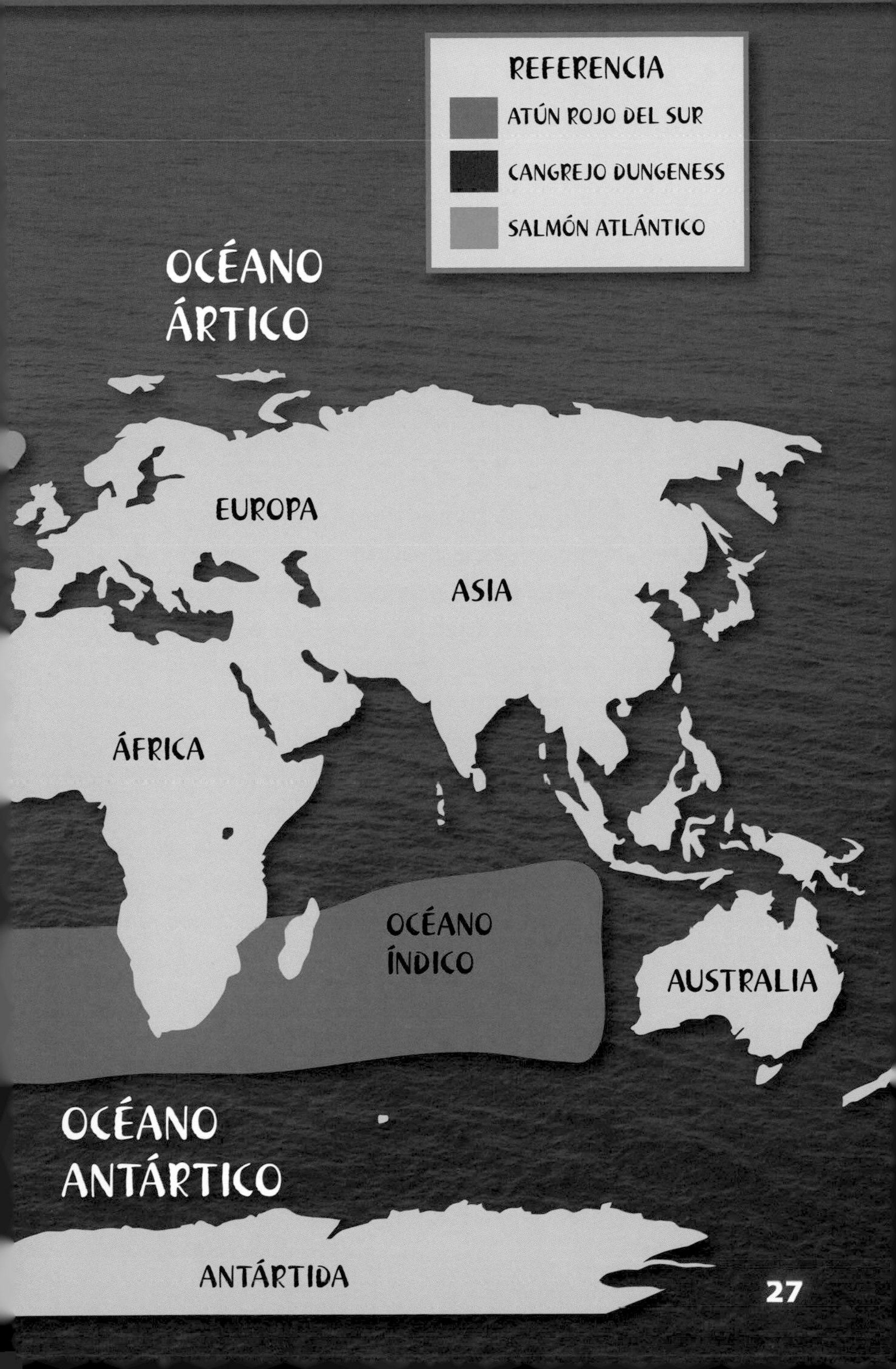

REFERENCIA
ATÚN ROJO DEL SUR
CANGREJO DUNGENESS
SALMÓN ATLÁNTICO
OCÉANO ÁRTICO
EUROPA
ASIA
ÁFRICA
OCÉANO ÍNDICO
AUSTRALIA
OCÉANO ANTÁRTICO
ANTÁRTIDA

¡La recompensa!

El momento en que se recogen las trampas y los sedales es uno de suspenso. ¿Habrá cientos de peces o ninguno? Los pescadores vacían las trampas y retiran los anzuelos y cebos de los peces. Luego estos son colocados en una cinta transportadora para que caigan en un tanque de agua abajo de la cubierta. Algunos barcos almacenan la carga en hielo. A veces los peces son destripados y seleccionados, pero esto generalmente se hace en una **planta procesadora**.

¿Cuál es la recompensa por todo este trabajo? Puede haber cien cangrejos grandes en una trampa. Eso es aproximadamente 1,000 libras de cangrejo. Y los pescadores pueden esperar ganar alrededor de $5,000 de una única trampa. Con múltiples trampas, una tripulación puede juntar $50,000 en un día, pero únicamente si la suerte está de su lado.

Los pescadores trabajan cuidadosa y rápidamente para sacar a los peces de una red arrojada a bordo.

Abrir camino

Mientras la tripulación trabaja para recoger los peces, el trabajo del capitán es encargarse del barco. El capitán es el encargado de mover el barco de manera segura mientras la tripulación patina y se desliza por la cubierta húmeda. Es importante controlar el barco para que las trampas y los sedales no se dañen. Si el clima es hostil, el capitán dirigirá el barco hacia aguas calmas para facilitar el trabajo de la tripulación.

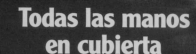

Todas las manos en cubierta

La tripulación de un barco de pesca de alta mar es un equipo fuerte y valiente. Cada miembro posee un papel diferente, pero todos colaboran en cubierta cuando es necesario. Las destrezas culinarias son una ventaja para cualquier tripulante, puesto que la tarea de la cocina generalmente es compartida.

Capitán

También conocido como el patrón, el capitán controla el barco. El capitán decide dónde y cuándo pescar. Él o ella asume la mayor responsabilidad.

Marinero de cubierta

La mayoría de los barcos de pesca poseen por lo menos dos marineros de cubierta. Un marinero de cubierta guía las redes, las trampas y los sedales. Los marineros de cubierta recogen y seleccionan los peces capturados. Algunos marineros de cubierta asisten al ingeniero y, luego, se ganan el rango de ingeniero.

Primer oficial

El primer oficial, o segundo capitán, ayuda al capitán a controlar el barco. Él o ella toma el mando si algo le sucede al capitán. El primer oficial dirige y entrena a los marineros de cubierta.

Ingeniero

El ingeniero procura que el barco funcione sin problemas. Él o ella se encarga del equipo en la sala de máquinas y en la cubierta. El ingeniero también es el encargado de las reparaciones de emergencia.

Novato

El novato es el tripulante más inexperto a bordo. Él o ella debe estar listo para hacer tareas que nadie quiere realizar y ayudar cuando se lo necesite. El novato limpia el barco y ceba los sedales.

Perfiles de peces

Se pueden encontrar diferentes peces en diferentes capas del océano. La capa superior es la zona de luz solar. La mayoría de los peces de océano, incluidos los tiburones y las rayas, son encontrados aquí. La siguiente capa es la zona de penumbra. Algunas ballenas, calamares, medusas y pulpos viven en esta área fría y oscura. La zona de medianoche no posee luz solar. El pez víbora, pejesapo y el pez trípode en esta capa no poseen ojos. Las criaturas **bioluminiscentes** son encontradas en las zonas más oscuras. En alta mar existen criaturas marinas increíbles que los humanos ¡aún deben descubrir!

TIBURONES

RAYAS

PEJESAPO

Una carga pesada

La pesca comercial también puede incluir la captura de:

- langostas
- cangrejos
- langostinos
- ostras
- esponjas
- tortugas marinas

BALLENA

CALAMAR

PEZ TRÍPODE

Sobrepesca

La captura de un importante número de peces puede cambiar la vida de un pescador. Pero también puede cambiar al océano. Algunas especies marinas están desapareciendo por la **sobrepesca**. La sobrepesca tiene lugar cuando el *stock*, o número de especies, es demasiado bajo. Esto puede ocurrir porque los humanos están pescando más de lo que el océano puede producir. El equipo de pesca y las técnicas también modifican los **ecosistemas** marinos.

Grandes cantidades de peces buscados son **recolectados** y matados.

La sobrepesca modifica al ecosistema, y el equipo de pesca puede arruinar los hábitats.

La **captura incidental**, o los animales no deseados, pueden sufrir heridas o morir aunque sean devueltos al agua.

Colapso del bacalao

En 1992 la pesca de bacalao atlántico en Canadá cambió dramáticamente. De forma rápida la población estuvo cerca del estado de **extinción**. Los pescadores intentaron disminuir las cantidades, pero no fue suficiente. En 2003 se cerró la pesca de bacalao para proteger a este pez.

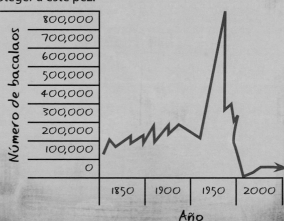

35

Productos del mar sostenibles

Algunos grupos están trabajando para detener la sobrepesca. Están a favor de los productos del mar **sostenibles**. Estos grupos trabajan para recuperar el *stock* de peces. También sugieren nuevas formas de recolectar peces. Al utilizar estos métodos se protege al océano, lo que provoca una menor captura incidental y la muerte de peces más maduros.

Los grupos guardianes marinos también monitorizan las compañías de **acuicultura** que cultivan peces. Estos grupos ejecutan prácticas que son seguras para los peces, los humanos y el medio ambiente. Su investigación ayuda a las personas a saber cómo comprar productos del mar seguros y sostenibles. Responsabilizan a todos de la sostenibilidad—desde los pescadores hasta los consumidores comunes.

Productos del mar certificados

Organizaciones como el *Marine Stewardship Council* certifican que los productos del mar son ecológicos y sostenibles. También existen rótulos que muestran que un producto es seguro para los animales marítimos.

Ciclo de sostenibilidad

Los gobiernos establecen lineamientos de pesca y límites a las capturas para mantener el *stock* de peces en niveles seguros y prevenir el daño a los ambientes marinos.

Los científicos del gobierno recopilan datos sobre el stock de peces.

Los analistas de datos sugieren límites de captura.

Los peces jóvenes tienen tiempo para crecer, y el stock de peces aumenta.

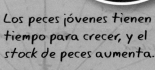

Los miembros de las agencias se reúnen para fijar límites de captura y directrices.

Los agentes del gobierno supervisan para asegurarse de que los pescadores sigan las directrices durante la recolección.

37

Desperdicios flotantes

La pesca es solo uno de los factores que afectan la vida marítima. El clima es siempre un factor. El 11 de marzo de 2011 un *tsunami* devastó la costa este de Japón. Pedazos de automóviles, árboles y casas fueron arrastrados al mar. Cuando la crecida **retrocedió**, condujo los **restos** al océano Pacífico. Los científicos crearon los mapas que aparecen abajo para predecir dónde las corrientes oceánicas llevarían los restos con el paso del tiempo.

Las áreas más oscuras en los mapas representan aquellas con mayor cantidad de restos.

Marzo 21, 2011

Japón Portland Los Ángeles Hawái

Marzo 2012

Japón Portland Los Ángeles Hawái

¡ALTO! PIENSA...

- ¿Cuánto tiempo los expertos predicen que le llevará a los restos viajar desde Japón hasta Estados Unidos?

- ¿Dónde están las áreas más densas de restos en cada imagen?

- ¿Qué ciudades estadounidenses recibirán la mayoría de los restos?

Marzo 2013

Japón

Portland

Los Ángeles

Hawái

Marzo 2014

Japón

Portland

Los Ángeles

Hawái

Captura incidental de aves

Los peces no son los únicos animales que son capturados en las trampas de los pescadores. Las aves marítimas se sumergen en el agua por el cebo sujetado a largos sedales. Las aves son empujadas abajo del agua y mueren ahogadas. Algunos pescadores evitan utilizar pesos en las redes para dejar que las aves o las marsopas respiren en la superficie del agua. Los animales pueden sobrevivir hasta que alguien los libera.

Los tiburones jóvenes también han sido capturados como captura incidental.

Salvando la vida marítima

Los pescadores han comenzado a utilizar equipos que reducen la captura incidental. Los emisores de sonda acústica emiten sonidos que alejan a los delfines y las marsopas. Las redes reflectantes también **disuaden** a las marsopas. Se utilizan redes especiales que permiten salir a las especies no deseadas. Los agujeros angostos atrapan a los peces más pequeños, y las aberturas más anchas dejan salir a los mamíferos más grandes. También se pueden capturar peces cerrando las redes en determinados momentos. La coordinación de los tiempos sigue los patrones diarios de los movimientos del animal. Los fabricantes de equipos de pesca están inventando nuevos dispositivos. Muchas procuran que la pesca sea más eficiente y segura para el planeta.

Este dispositivo de reducción de captura incidental (BRD) le permite a las tortugas escapar mientras los camarones son recogidos.

¡Qué desperdicio!

Los pescadores salen en busca de un tipo específico de peces que saben que pueden vender. Pero lo que viene de vuelta en las redes puede ser un surtido. Algunas compañías pesqueras arrojan más peces de los que conservan.

RIESGOS Y RECOMPENSAS

Los pescadores de alta mar enfrentan muchos peligros. Para un barco en alta mar el clima y una falla del equipo puede significar un desastre. La tripulación debe estar lista para encargarse de cualquier cosa, ¡incluso un ataque pirata! Pero las recompensas pueden hacer que los riesgos valgan la pena. Si pescan una buena cantidad de peces, la recompensa puede ser muy grande

Fusión total

Muchas son las cosas que pueden salir mal en un barco. El motor se puede recalentar. Los monitores de las computadoras y el equipo eléctrico puede funcionar mal. Si el sónar está bajo o el agua inunda el equipo, podría resultar difícil controlar la embarcación. El equipo de navegación y comunicación podría romperse. Esto podría ocasionar que el barco se pierda sin ninguna posibilidad de llamar para pedir ayuda. Los tripulantes deberían tener una brújula y radios portátiles. También deberían saber cómo navegar guiándose por las estrellas. Los barcos son construidos para tolerar fuertes vientos y violentas olas, pero el agua puede dañar las computadoras y otros equipo.

¡SOS, SOS!

Si hay una emergencia en el agua, puedes realizar una **llamada de emergencia**. Llamadas especiales les hacen saber a los demás en qué tipo de peligro te encuentras exactamente.

¡Securité, securité, securité!
Estás remolcando a alguien y quieres que otros barcos te esquiven o te informen si hay algún problema por delante.

¡Pan pan, pan pan, pan pan!
Has encallado y el agua se está filtrando lentamente. Otros barcos podrían colisionar contigo.

¡SOS, SOS!
Tu barco se está hundiendo, has perdido un tripulante por la borda, tu embarcación está siendo atacada por piratas, o alguna otra seria emergencia está teniendo lugar.

La Guardia Costera de Estados Unidos es una fuerza militar que se especializa en el rescate en el océano. Responde llamadas de emergencia y hace cumplir las leyes en alta mar.

22
21
20
19
18
17
16
15

línea Plimsoll

Salvado por una línea

En 1875 Samuel Plimsoll, miembro del parlamento británico, creó una ley que continúa salvando vidas en el océano. La ley establecía que se debía pintar una línea a los costados de todos los barcos. Si la superficie del agua supera esta línea, entonces la carga del barco es demasiado pesada y este corre riesgo de hundirse. Esta línea se hizo conocida como la *línea Plimsoll*.

Los paquetes de supervivencia en una embarcación pesquera incluyen botiquines de primeros auxilios, radios, luces, balizas, pistolas lanza bengalas y bengalas. Estos deberían ser guardados en lugares de fácil acceso en caso de emergencia.

Clima salvaje

Un pescador experimentado puede saber más sobre las condiciones actuales del clima que un reportero del clima. Eso es porque los pescadores deben estudiar las mareas, la temperatura del agua y los vientos para encontrar los mejores peces para capturar. Sus vidas pueden depender del clima. Las embarcaciones pesqueras a menudo combaten violentos temporales con fuertes vientos y lluvia. Las olas pueden hacer que un barco golpee contra las rocas. En el mar de Bering, el rocío puede recubrir a un barco con hielo. Esto puede agregar peso extra a una cubierta repleta de equipo de pesca. Un barco pesado puede fácilmente **volcarse** en mares hostiles.

¡Ponte el traje!

Si el barco se hunde, un traje de supervivencia puede proteger a los pescadores. Con el traje puesto todo queda cubierto, salvo los ojos del pescador. Su material pesado puede evitar que alguien muera congelado en el agua. Y su color brillante facilita el avistamiento por parte de los equipos de rescate. A los nuevos tripulantes se les toma el tiempo mientras practican ponerse el traje. Si un barco se está hundiendo, cada segundo cuenta.

Piratas modernos

Los piratas no son una cosa del pasado. Desafortunadamente, estos aún **aterrorizan** en las aguas. Los piratas modernos principalmente atacan a los barcos cargueros, pero también tienen en la mira a las embarcaciones pesqueras. **Secuestran** barcos para revenderlos o utilizarlos en futuros ataques. A veces los piratas suben a bordo de un barco para exigir efectivo o para secuestrar a tripulantes por su **rescate**. Muchos piratas provienen de Somalia e Indonesia. Los barcos en las áreas piratas son a menudo escoltados por embarcaciones navales para protección.

Tornarse competitivo

La actividad pirata es ilegal, pero aun los barcos legales pueden ser una amenaza para el éxito en el agua. Las temporadas de pesca para la mayoría de las especies solo dura unos pocos meses. Con un corto plazo para ganar dinero para todo el año, ¡los pescadores deben trabajar doblemente duro! Las embarcaciones pesqueras intentan evitarse entre sí, pero la competencia puede ser feroz. Recientemente, leyes más estrictas han limitado las capturas. Una vez que un barco ha satisfecho una **cuota** para el año, debe de dejar de pescar esa especie. Esto significa que los barcos están peleando por menos peces.

Engañados en el mar

Los piratas poseen muchas estrategias para tomar el control de los barcos. Pueden encender bengalas de emergencia para atraer a las víctimas, u otro barco puede atacar por la parte delantera, mientras otros barcos se acercan sigilosamente por atrás. Los piratas armados pueden, incluso, subir a bordo de una embarcación mientras esta baja su velocidad para entrar en un canal angosto.

¿Una posibilidad para quienes llevan las de perder?

Una ley recientemente sancionada en Alaska podría ayudar a los barcos más pequeños. La ley limita el uso de cestos para cangrejos, y así reducir el número de cangrejos que pueden ser atrapados de una vez. Conforme a esta ley, los barcos grandes que generalmente poseen una ventaja capturarán menos al comienzo de la temporada. Esto podría dejar más cangrejos para los barcos más chicos. Esta ley también desacelera y extiende la temporada del cangrejo.

Seguridad en el mar

La pesca de alta mar es uno de los trabajos más peligrosos del mundo. Los pescadores no pueden darse el lujo de cometer errores, pero los expertos estiman que el 80 por ciento de los accidentes de pesca son causados por el error humano. Los pescadores sienten la presión de registrar una excelente pesca. También se preocupan por la competencia. Puede ser fácil olvidarse de la seguridad.

Algunos pescadores han comenzado a asistir a cursos sobre seguridad. Estos programas enseñan a los pescadores cómo combatir incendios, controlar inundaciones y sobrevivir en aguas frías. Asimismo, los pescadores aprenden cómo abandonar el barco de manera segura y salvar a una persona que cae por la borda. Para sobrevivir, un tripulante debe estar siempre preparado para lo inesperado.

Negocio riesgoso

El pescador Steven Snider navegó en *El capitán Greg* durante su primer viaje de pesca. Estaba en la cubierta mientras un tiburón era recogido con el resto de la captura. Cuando Snider se acercó, las mandíbulas del tiburón se cerraron de golpe alrededor de su pierna izquierda y la oprimieron. A pesar de los esfuerzos de la tripulación, el tiburón no le soltaba la pierna. Por lo menos no hasta que sacaron una **alzaprima** ¡para ejercer presión y abrirle las mandíbulas!

Los aprendices de la Guardia Costera de Estados Unidos aprenden la manera correcta de entrar a un bote salvavidas desde el agua.

Entrenamiento de excelencia

Estudios muestran que cuanto más tiempo un pescador ha estado activo, mayores posibilidades posee de sufrir un accidente. Los pescadores experimentados a menudo realizan los trabajos más peligrosos en cubierta, y podrían ser más propensos a correr riesgos. Los tripulantes más jóvenes tienen más posibilidades que los más viejos de ser entrenados en los últimos procedimientos de seguridad.

En el mar, algo tan simple como un anzuelo en la mano puede causar una infección. Cuando un barco está lejos de la tierra, puede pasar un tiempo hasta que llegue la ayuda médica.

¿Muchos billetes?

Un pescador de alta mar comercial puede ganar entre $5,000 y $100,000 cada año. Un barco de cangrejos exitoso puede juntar cerca de un millón de dólares en una temporada, pero esto es extremadamente inusual. Después de que el capitán recibe su parte, la ganancia restante de la pesca, menos los gastos, es dividida entre el resto de la tripulación.

Votos de ganancia

La primera vez que un novato pesca, la tripulación puede votar sobre lo que ellos creen que él o ella ha ganado. Si el trabajo fue realizado bien, se los invitará nuevamente. La tripulación continúa votando sobre cuánto se le pagará a los tripulantes más inexpertos. Un pescador es considerado un verdadero compañero una vez que se le ha otorgado una participación plena sobre las ganancias.

$$\frac{\text{total ganado - ganancia del capitán - gastos}}{\text{número de tripulantes}} = \text{ganancia de cada tripulante}$$

Capitán: 45%
El capitán generalmente es el dueño del barco y recibe la mayor participación sobre las ganancias.

Tripulante A: 10%
Cada tripulante tiene una participación plena sobre las ganancias.

Tripulante B: 10%
30–36 por ciento de la ganancia total es para los tripulantes.

Tripulante C: 10%
Los ingenieros y marineros de cubierta también forman parte de la tripulación.

Total ganado

Novato: 5%
El novato gana una participación a medias sobre las ganancias.

Gastos: 20%
Los gastos se descuentan del total ganado. Los gastos incluyen el costo del combustible, petróleo, almacén y equipo.

Mercado pesquero

Un rápido vistazo a la sección de productos del mar en un almacén muestra una variedad de peces fileteados y despellejados exhibidos en hielo. La mayoría de los consumidores no saben lo que implica que estos productos entren al mercado. Los pescados son generalmente más costosos que la carne vacuna o el pollo porque la pesca es un negocio de muy alto riego. Los riesgos que los pescadores asumen están incluidos en el costo del pescado. Los pescadores descargan su captura en una planta procesadora, ya sea terrestre o en el mar. Luego, el pez seleccionado y destripado va a los **distribuidores**. Después los restaurantes y tiendas locales aprovisionan sus cocinas y vitrinas de productos del mar. Cada paso aumenta el precio final del pescado.

barco

procesador

Cebando a los compradores en línea

Algunos pescadores utilizan internet para informar a los compradores sobre sus peces. Estos pueden publicar fotografías y videos para atraer el interés en la última captura.

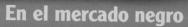

En el mercado negro

Muchas especies marinas en vías de extinción son capturadas y vendidas en el **mercado negro**, a pesar de los límites a la captura. Algunos pescadores declaran menos de lo que han recogido e ilegalmente capturan peces demasiado pequeños. El salmón atlántico, la lobina rayada y el atún rojo —un favorito de los amantes de sushi— son solo unas pocas de las especies vendidas en el mercado negro.

restaurante

almacén

distribuidor

Sobreviviendo a la temporada

Los peligros son altos en la pesca de alta mar comercial. Una exitosa temporada de trabajo significa alimento sobre la mesa en el hogar y dinero en el banco. Una temporada no exitosa podría significar lesiones o, incluso, la muerte. A pesar de los peligros, los pescadores continúan ganándose la vida en el mar. Cada día en el agua es una nueva aventura. Los pescadores enfrentan mal clima, competencia dura y leyes pesqueras estrictas. Cuando están en el mar, están ansiosos por regresar con sus familias y algunos días solo esperan vivir para ver la próxima temporada.

¡MÁS EN PROFUNDIDAD!

Entrevista con un pescador

El pescador John Lee Levin Jr. llegó a tierra con tiempo suficiente para conversar con la escritora Katelyn Rice sobre qué es lo que hace que la pesca de alta mar sea tan apasionante.

Katelyn: ¿Cómo se convirtió en un pescador de alta mar?

John: Mi tío Lee pescaba bagres en el lago Okeechobee en Florida cuando yo era pequeño. Me encantaba ir con él. La pesca se convirtió en una adicción para mí, como el antojo de golosinas. Incluso más tarde, cuando nos mudamos a Carolina del Norte, recuerdo estar sentado en mi clase de tercer año y fantasear con la pesca en el lago con el tío Lee. Hasta podía oler el cebo y el viejo barco de madera mohoso que él tenía. Un tiempo después construí un barco de fibra de vidrio de 52 pies en mi patio trasero.

Katelyn: ¿En qué clase de barco trabajó?

John: La mayoría de las veces compré o construí mis propios barcos. Tengo carretes hidráulicos de pesca y de sedal largo en el Caribe. Pescamos una red de tiro desde un barco de mújoles. Pesqué trampas desde un barco de cigalas. He pescado redes de arrastre en un barco de camarones. Pesqué langostas cuando vivíamos en Florida en un pequeño barco. Todos estos barcos han sido de diferentes tamaños y la mayoría de ellos construidos con fibra de vidrio o aluminio. Diseñé y construí casi todos.

Katelyn: ¿Cuál es uno de sus recuerdos de pesca favorito?

John: Sufrimos huracanes, problemas de motor, piratas y accidentes, pero nada de eso superó la felicidad que me dio la pesca. Una vez que el gran barco de fibra de vidrio estuvo terminado, comencé a pescar pargos colorados y meros en el Caribe. Abandonábamos el puerto de Miami en invierno y, luego de dos días de viaje, nos quedábamos en ropa interior porque siempre hacía calor. El agua era tan cristalina que podías ver cientos de pies hacia abajo.

Katelyn: ¿Qué le diría a alguien que está interesado en convertirse en un pescador de alta mar?

John: Conversa con gente que lo hizo y así puedes aprender. Trabaja en diferentes barcos para aprender cómo funciona el equipo y el barco. Necesitarás saber cómo reparar motores y hacerle arreglos al barco. Necesitas aprender a navegar con mapas náuticos y a leer el clima. Sobre todo, necesitas mantenerte alerta porque la pesca es uno de los trabajos más peligrosos del mundo, pero no puedo imaginarme haciendo otra cosa.

GLOSARIO

acuicultura: el cultivo de plantas y animales acuáticos

alzaprima: una palanca fuerte de metal

aterrorizan: infunden miedo por amenaza o violencia

atraídos: que se ha logrado su interés por algo, cautivados

bioluminiscente: la producción de luz por parte de organismos vivientes

captura incidental: animales no deseados que se capturan

cebo: algo como alimento utilizado para atraer animales a un anzuelo o una trampa

comercial: diseñado básicamente para obtener ganancias

comunicación: un sistema para enviar y recibir mensajes

cuota: una parte asignada a cada miembro de un grupo

distribuidores: un negocio que comercializa y vende un producto para aquellos que producen el producto

disuaden: desalientan o previenen la acción

ecosistemas: organismos y su medio ambiente

eficiente: capaz de producir resultados deseados, especialmente sin perder tiempo o energía

embarcación: un buque o un barco

estrechos: un pasaje angosto de agua que conecta dos grandes masas de agua

exquisitez: algo rico para comer porque es poco común

extinción: muy poco común y que podría desaparecer

has encallado: has golpeado la tierra, ya sea en la costa o bajo aguas poco profundas

llamada de emergencia: diálogo iniciado por problemas

mercado negro: comercio que está en contra de la ley

millas náuticas: unidades utilizadas para medir la distancia en el mar, igual a 1.15 millas terrestres

navegación: el método de identificar posición, curso y distancia recorrida

nudo: una unidad de velocidad utilizada por barcos; 6076 pies por hora

piloto automático: el dispositivo que controla la dirección en un vehículo sin la constante atención humana

planta procesadora: un lugar donde un producto es preparado de su forma original a una para ser utilizada

producirá: generará como resultado del esfuerzo

profesión: un trabajo o una carrera

recolectados: recogidos

rescate: pago exigido por liberar a una persona capturada

restos: fragmentos de algo destruido o roto en pedazos

retrocedió: se alejó

secuestran: detienen y roban de un vehículo en movimiento

sobrepesca: acción de disminuir la cantidad de peces más allá de su capacidad de reproducirse

sostenible: capaz de conservar vida utilizando técnicas que permiten la reutilización continua

timonera: la parte del barco donde trabaja el capitán

tsunami: una ola muy grande, generalmente producida por una erupción volcánica o terremoto submarino

vasto: muy grande en tamaño y alcance

volcarse: darse vuelta

ÍNDICE

BIBLIOGRAFÍA

Bradley, Timothy J. *Demons of the Deep.*
Teacher Created Materials, 2013.

La presión del océano puede matar a un humano en segundos.
Sin embargo, algunas de las criaturas más frágiles del mundo lo
llaman su hogar. En este libro conocerás a un calamar vampiro
tan rojo como la sangre y a un cangrejo llamado como el mítico
yeti. Sumérgete justo allí, pero ten cuidado. ¡Estas criaturas
están hambrientas!

Llewellyn, Claire. *Survive at Sea (Survival Challenge).*
Silver Dolphin Books, 2006.

Si estuvieras en una embarcación pesquera, ¿podrías sobrevivir
en el mar? Descúbrelo con los 12 desafíos en este libro. Intenta
encontrar agua fresca, lidiar con tiburones y hacerle frente a
una tormenta sin siquiera poner un pie cerca del agua.

Morey, Shaun. *Kids' Incredible Fishing Stories.*
Workman Publishing Company, 1996.

Conoce a 35 niños como tú que estuvieron cara a cara con peces
increíbles y feroces, recogieron la línea con peces rarísimos
y rompieron récords de pesca. Te sorprenderás y obtendrás
inspiración de las fotografías, datos divertidos y dibujos
infantiles en este libro.

Woodward, John. *Voyage: Ocean.* **DK Publishing, 2009.**

Ve a toda velocidad en tu paseo por el océano. Descubre
montañas y fosas oceánicas debajo del mar, criaturas marinas
increíbles y las embarcaciones que los pescadores y los
exploradores utilizan sobre y bajo la superficie del mar. Cada
página es un vistazo a través de una portilla redonda, ¡con
fotografías coloridas e ilustraciones que le dan vida al mar!

MÁS PARA EXPLORAR

Crab Fishing Facts 101
http://dsc.discovery.com/tv/deadliest-catch/

Aprende todo sobre la pesca de cangrejo en esta página de la serie *Pesca mortal* de *Discovery* televisión. Descubre las obligaciones de cada tripulante a bordo de un barco de pesca de cangrejos, desde el capitán y el ingeniero hasta los marineros de cubierta y novatos. Descubre toda la verdad sobre la pesca de cangrejos y las 10 supersticiones más importantes en el mar.

Fishing Games
http://www.kibagames.com/Fishing-games

¡Ahora puedes ser un pescador! Juega a divertidos juegos de pesca, desde Pesca de alta mar y Cazador de peces hasta Pesca Manía y Atrapa a un atún. ¡Estos juegos prueban tus destrezas de precisión y de pesca!

Georgia Aquarium: Kids Corner
http://www.georgiaaquarium.org/explore-the-aquarium/interact/kids-corner.aspx

Detente en el *Kids Corner* del *Georgia Aquarium* y encuentra un poco de diversión en el océano. Observa cámaras web en vivo de los tiburones, ballenas y otras criaturas marinas en el acuario. Luego, échale un vistazo a los rompecabezas, juegos y páginas para colorear. ¡Aprenderás datos fascinantes sobre la vida marítima mientras juegas!

National Aquaculture Association: Kids Corner
http://thenaa.net/kids-corner

Visita el *Kids Corner* de la *National Aquaculture Association* para aprender sobre el cultivo de peces. Ilustraciones divertidas hacen que las historias de acuicultura cobren vida. Luego desafíate a ti mismo con una búsqueda de palabras y ponte creativo con la página para colorear.

ACERCA DE LA AUTORA

Katelyn Rice es una estudiante en Las Vegas, Nevada, y miembro orgullosa del programa *ROTC* de su escuela. Desde temprana edad le interesó la escritura. Actualmente está en proceso de escribir una novela. Adora pasarse semanas en el agua pescando.